Dans ce cahier, retrouve... classées par rubriques :

- Graphisme, dessin
- Coloriage
- Écriture, grammaire, vocabulaire
- Calcul
- Découverte, jeux
- Lecture, compréhension

Amuse-toi bien !

Ce cahier appartient à : ....

Les cahiers d'activités Internotes !

Ce livre est publié par internotes.fr.

Nous rappelons que la reproduction et la vente sans autorisation, ainsi que le recel, sont passibles de poursuites. Les demandes d'autorisation de photocopier doivent être adressées à l'éditeur à l'adresse contact@internotes.fr

Toute reproduction ou représentation intégrale ou partielle, par quelque procédé que ce soit, des pages publiées dans cet ouvrage, faite sans l'autorisation de l'éditeur, est illicite et constitue alors une contrefaçon. Seules sont autorisées, d'une part, les reproductions strictement réservées à l'usage privé du copiste sans utilisation collective, et, d'autre part, les courtes citations justifiées par le caractère d'information de l'oeuvre dans laquelle elles sont incorporées.

Relie chaque addition à son résultat.

9+3	11	10+3
8+6	12	2+9
4+9	13	7+5
5+6	14	3+11

Relie les points de 1 à 40.

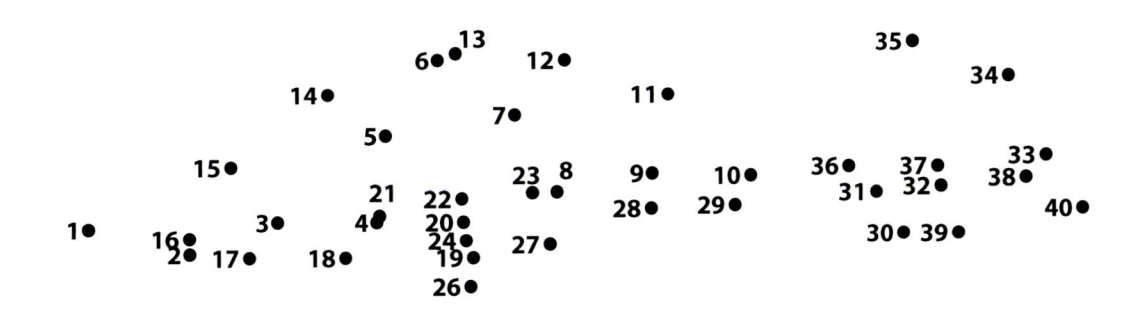

Retrouve dans la grille les mots suivants :

M	P	L	A	G	E	U	R	S
N	L	O	N	Q	U	I	N	T
X	O	W	K	B	U	T	Z	R
F	N	A	I	H	B	U	V	U
Q	G	L	A	C	E	B	E	P
F	E	U	X	V	C	A	P	F
P	U	L	I	T	Q	U	I	N
M	R	E	Q	U	I	N	S	A
Y	K	U	B	N	O	P	A	M
V	E	W	H	O	K	L	B	U
K	P	T	U	O	I	W	L	E
W	I	A	X	U	T	D	E	F
F	G	H	D	Q	J	U	B	O

PLAGE
SABLE
TUBA
PLONGEUR
GLACE
REQUIN

Remets les mots dans l'ordre pour former une phrase.

la poissons dans nagent Les mer .

_____

vraiment soleil brûlant Le est .

_____

Lis le texte et entoure tous les animaux présents dans l'histoire.

Kevin et Katia partent en promenade au bord de la mer avec Rex leur petit chien. C'est un moment qu'ils adorent car ils peuvent voir beaucoup d'animaux le long de la plage ou dans les rochers comme des crabes, des coquillages et des étoiles de mer.
Parfois, ils aperçoivent même des écureuils dans les arbres qui bordent la côte ou des oiseaux qui plongent dans la mer pour pêcher des poissons qui leur serviront de repas !

Recopie trois fois chacun des mots suivants :

coquillages

baignade

dauphin

hippocampe

requin

voilier

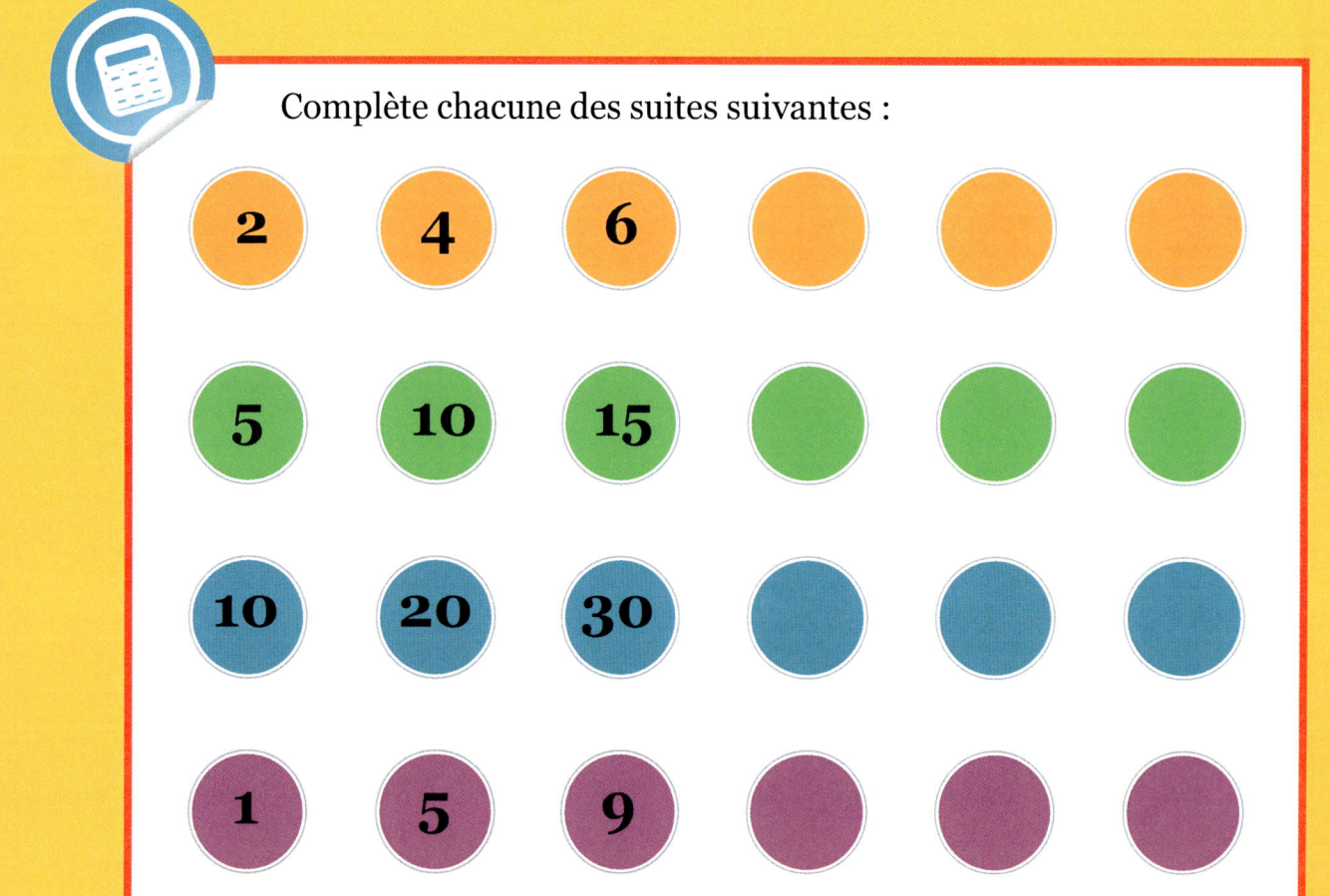

Complète chacune des suites suivantes :

2 — 4 — 6 — ○ — ○ — ○

5 — 10 — 15 — ○ — ○ — ○

10 — 20 — 30 — ○ — ○ — ○

1 — 5 — 9 — ○ — ○ — ○

Compte les objets.

Dessine ce que tu peux voir à la plage.

Entoure les phrases qui ont un sens.

- Ce matin, la déserte plage est.

- Les oiseaux volent dans le ciel.

- La mer est tellement bleue.

- J'entends les vagues du bruit.

- Dans le ciel, le soleil brille.

- C'est une magnifique journée d'été.

- Je ne vois crabe aucun dans les rochers.

Retrouve les 7 différences.

Qui a ramassé le plus grand nombre d'étoiles ? ....

ANNA

SHAYNE

TIAGO

Colorie.

Dessine l'autre moitié en t'aidant de la grille et colorie.

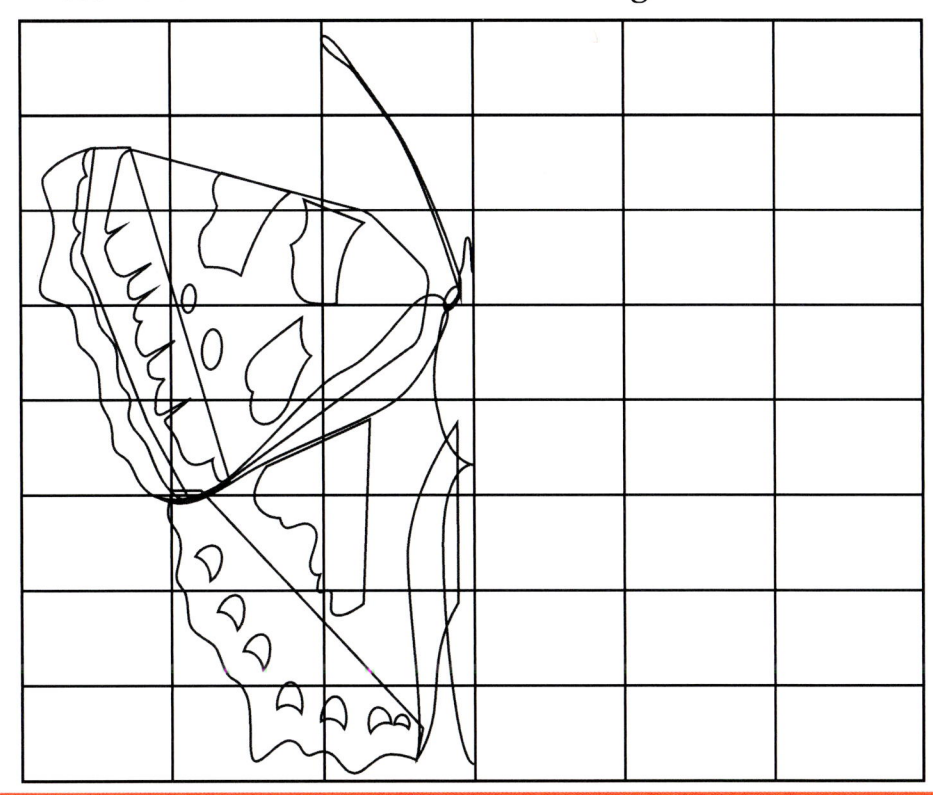

Complète en écrivant le nom des jours dans l'ordre.

L M M J V S D

Date d'aujourd'hui : ....

Date de demain : ....

Mon anniversaire : ....

Recopie trois fois chacun des mots suivants :

maillot

parasol

serviette

château

rochers

algues

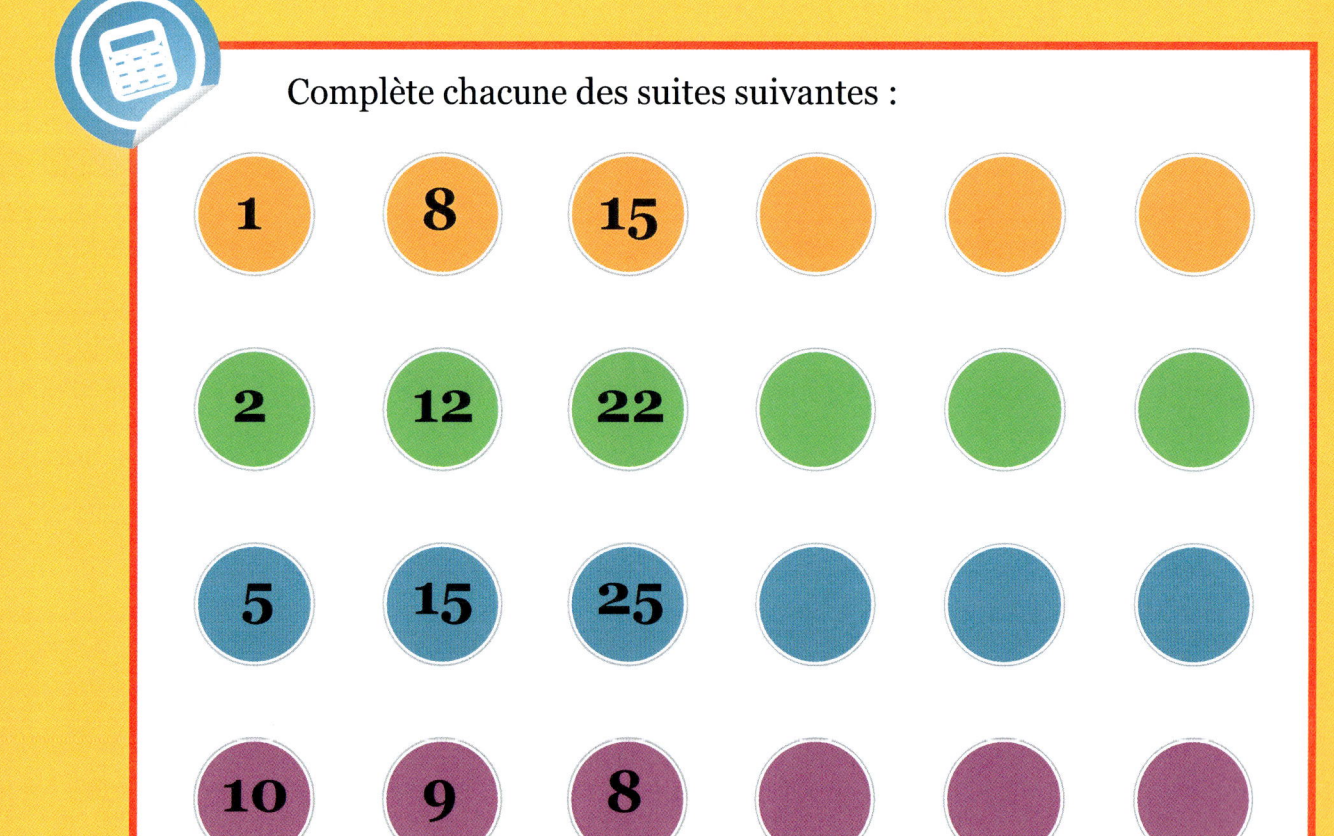

Complète chacune des suites suivantes :

1	8	15			
2	12	22			
5	15	25			
10	9	8			

Remets les mots dans l'ordre alphabétique et trouve la phrase mystère grâce au code. Ensuite, dessine ce que tu as trouvé.

Mots à classer

- SOLEIL
- OISEAU
- PÊCHER
- MARINE
- ROCHER
- FLOTTE

Mots dans l'ordre alphabétique

o	*	#	+	(	}

{	]	&	?	¢	Π

√	˃	%	Ω	Σ	®

©	÷	…	∞	∂	†

ê	•	—	[	"	<

$	€	£	ù	!	§

Phrase mystère

®	¢

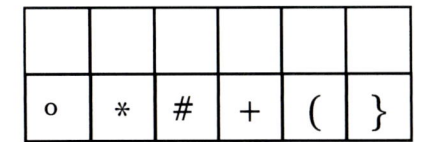

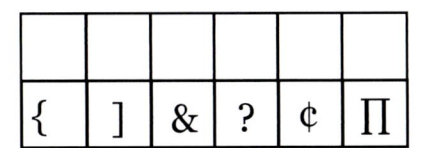

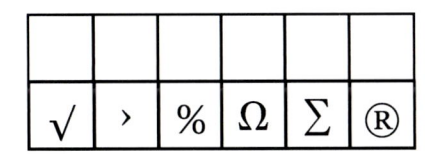

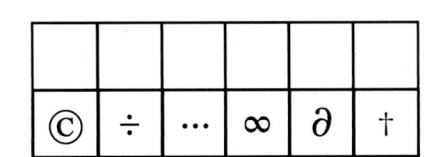

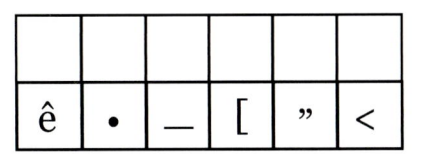

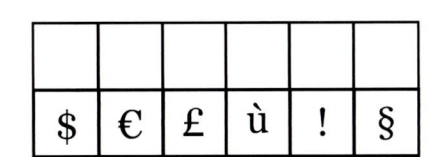

…	∞	]	©	}	Σ	®

ê	€	$	∂

Dessin

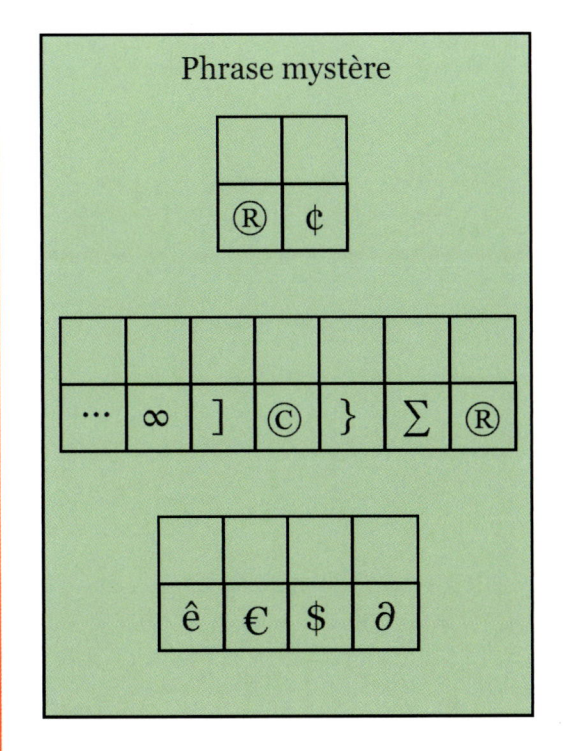

Colorie.

Des mots ont été déchirés. Reconstitue les 8 mots.

mas	ble	let	éan
ré	tier	sa	ping
ga	te	que	coco
cam	oc	cif	cô

Trouve le chemin pour atteindre le crabe.

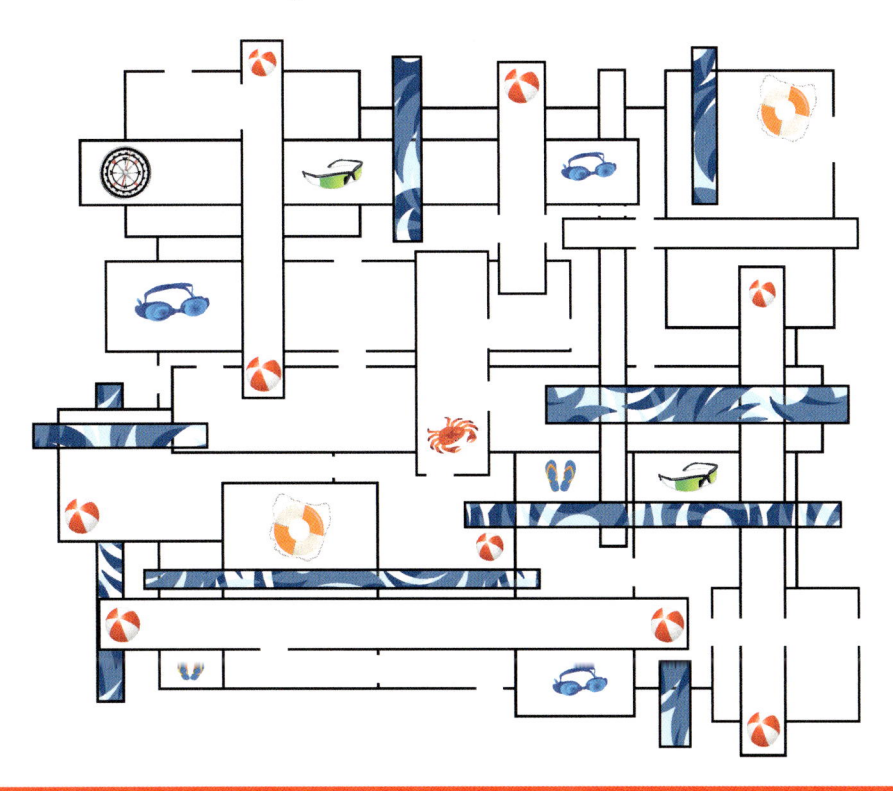

Trouve l'intrus dans chaque liste.

Baleine - Dauphin - Cachalot - Orque - Morue

Nager - Flotter - Patauger - Voler - Baigner

Repos - Travail - Vacances - Congé - Loisirs

Colorie selon le code couleur indiqué.

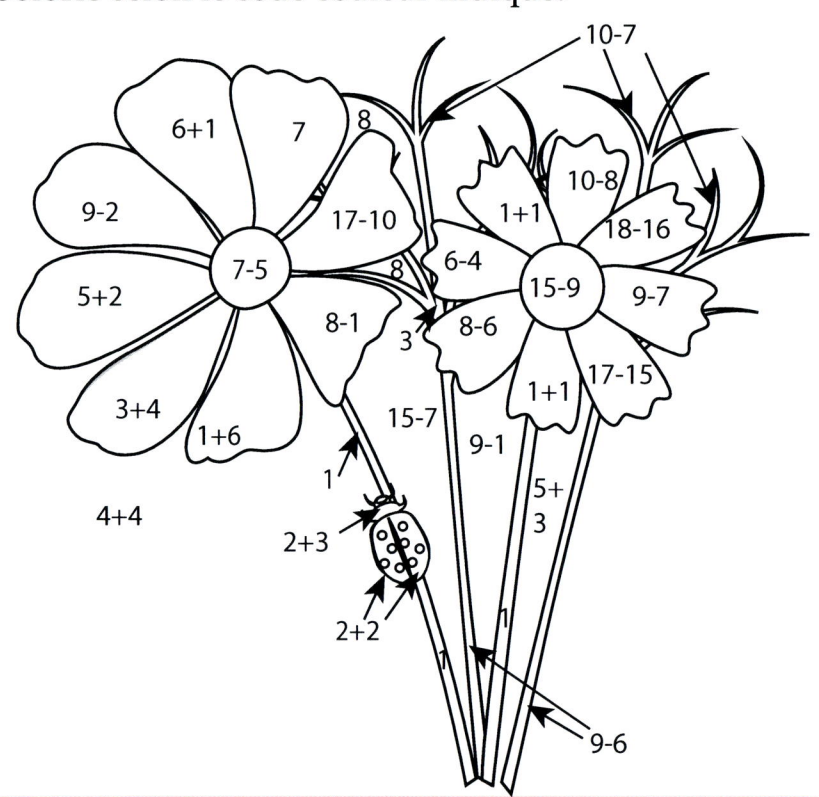

1 — vert
2 — jaune
3 — bleu
4 — rouge
5 — marron
6 — orange
7 — rose
8 — blanc

Sépare les mots pour former des phrases.

Surlaplagedesenfantsjouentavecunballon.

Aujourd'huiilfaitvraimenttropchaud.

QU'ELLEBELLEJOURNÉED'ÉTÉ.

Apprends à dessiner un crabe.

Seuls certains mots d'une histoire sont visibles. Écris ce qui ne se voit pas pour reconstituer toute l'histoire.

Sur la plage, à

Soudain, un dauphin

le soigne avant

Trois jours plus tard,

Complète ce calendrier en écrivant le nom des mois de l'année dans l'ordre.

Trouve le chemin qui permet à Robert d'arriver à la glace.

Quels fruits vont atteindre les insectes ?

La coccinelle se déplace sur des cases de 2 en 2. Elle atteint :
....

La mouche se déplace sur des cases de 5 en 5. Elle atteint :
....

La libellule se déplace sur des cases de 7 en 7. Elle atteint :
....

Raconte ce qui est arrivé à Jean pendant ses vacances.

Jean regarde un reportage à la télévision.
Il voit de magnifiques poissons colorés.

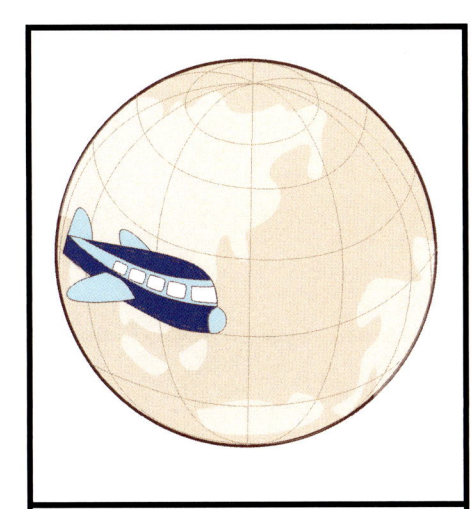

Recopie trois fois chacun des mots suivants :

oursin

vacances

scaphandre

plongeur

tuba

masque

Complète chacune des suites suivantes :

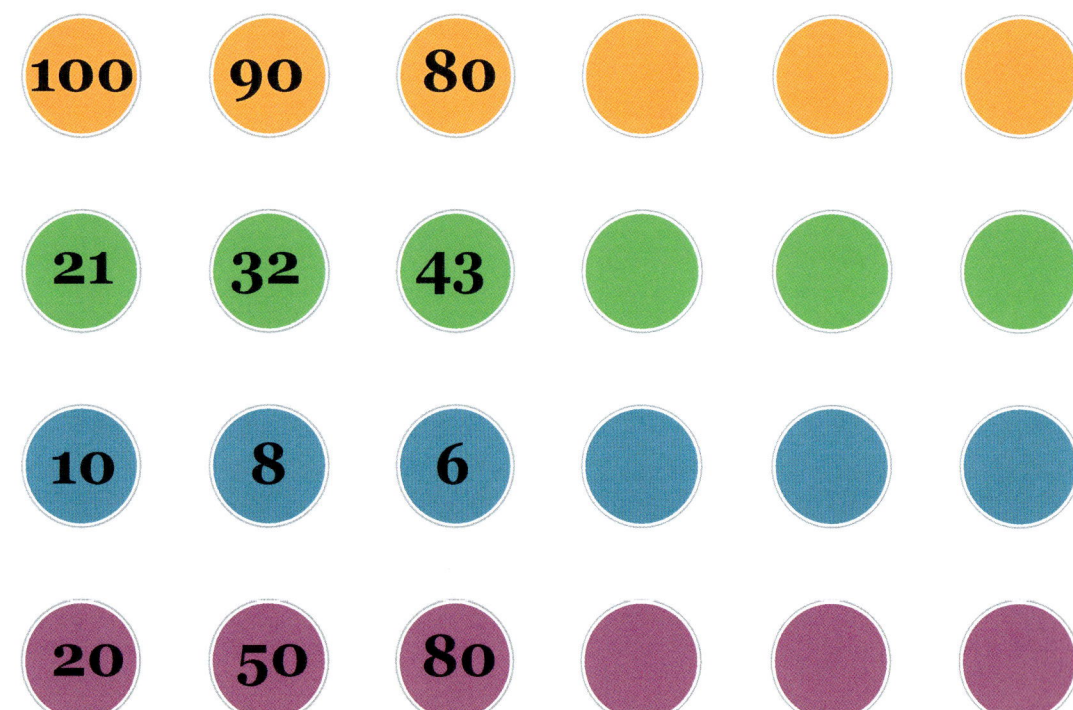

100	90	80			
21	32	43			
10	8	6			
20	50	80			

Qui est Philippe ?

Philippe est un petit garçon de 6 ans qui vit à Paris avec ses parents.
Il aime beaucoup jouer au football et porte toujours des shorts.
Aujourd'hui, il fait très chaud. Il a mis son plus beau tee-shirt bleu et son short assorti à ses lunettes.

Retrouve les lettres de l'alphabet qui ne sont pas écrites et mets-les dans l'ordre pour former un mot.

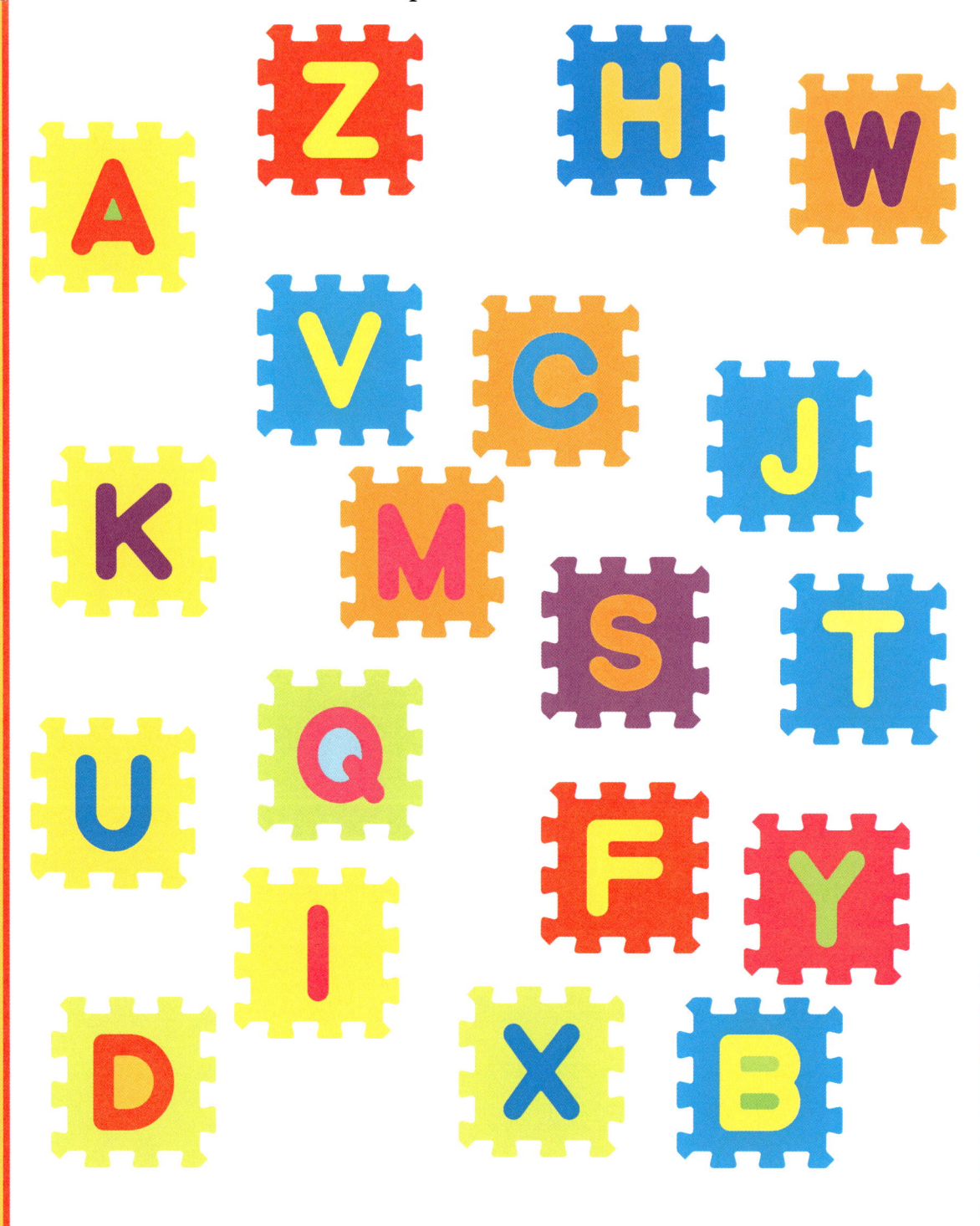

Lettres manquantes : ....

Mot à trouver : ....

Apprends à dessiner un voilier.

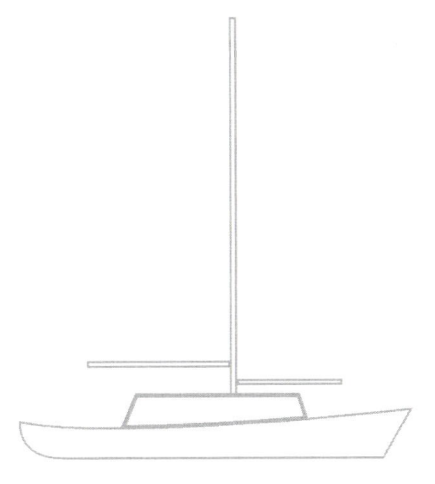

4 enfants jouent aux fléchettes. Sachant que :
- atteindre une case rouge rapporte 10 points,
- atteindre une case jaune rapporte 5 points,
- atteindre une case bleue rapporte 3 points,
- atteindre une case verte rapporte 1 point,
- atteindre une case noire rapporte 0 point,

Qui a remporté la partie ? ....

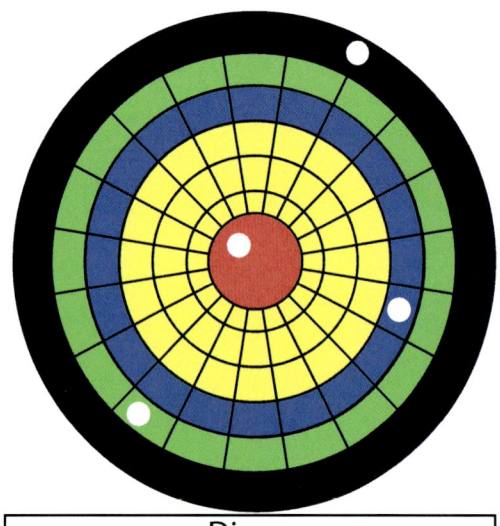

Diego

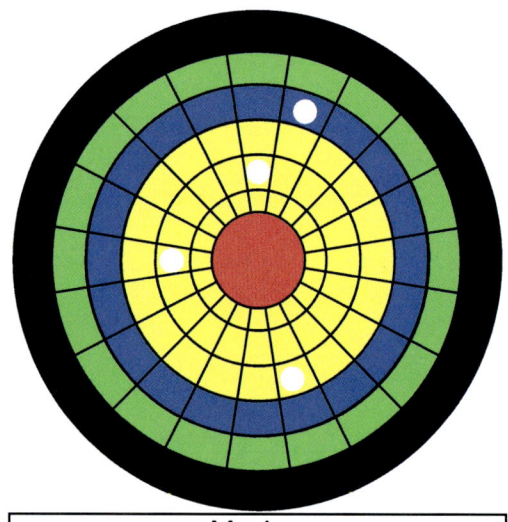

Marina

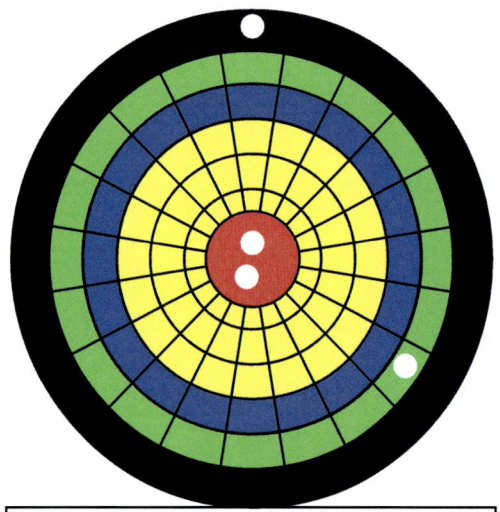

Cindy

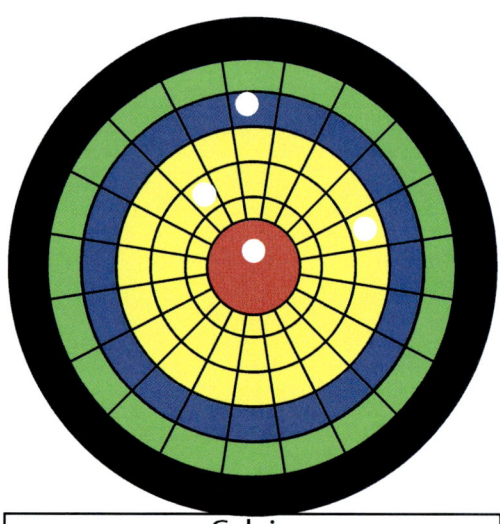

Calvin

Suis les indications données pour retrouver le trésor.

Commence au point de départ. 🟢

Monte de 4 cases. ⬆ ⬆ ⬆ ⬆

Va à gauche et avance de trois cases. ⬅ ⬅ ⬅

Descends d'une case. ⬇

Va à droite et avance de deux cases. ➡ ➡

Monte de 5 cases. ⬆ ⬆ ⬆ ⬆ ⬆

Bravo. Tu as trouvé le trésor !

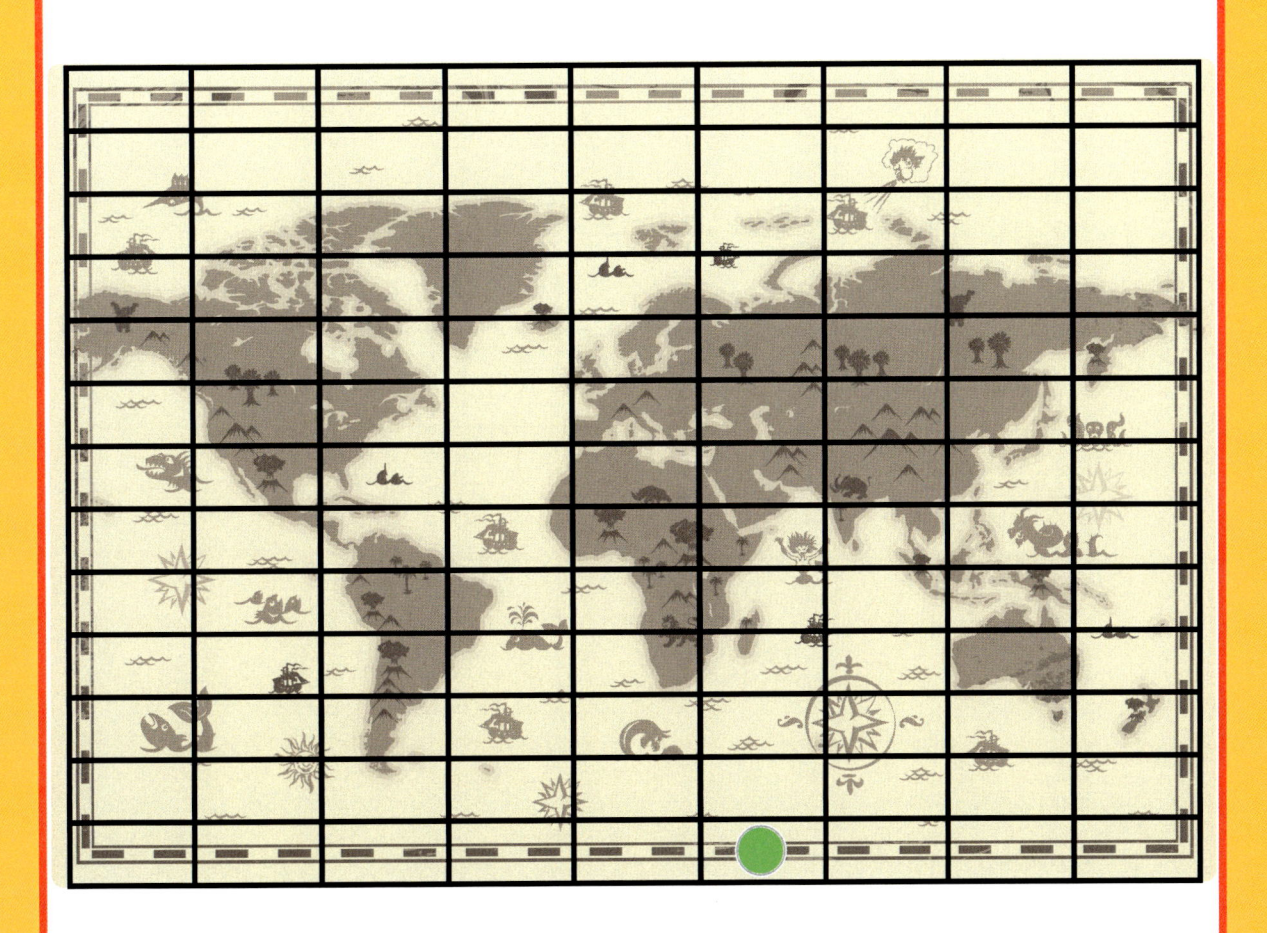

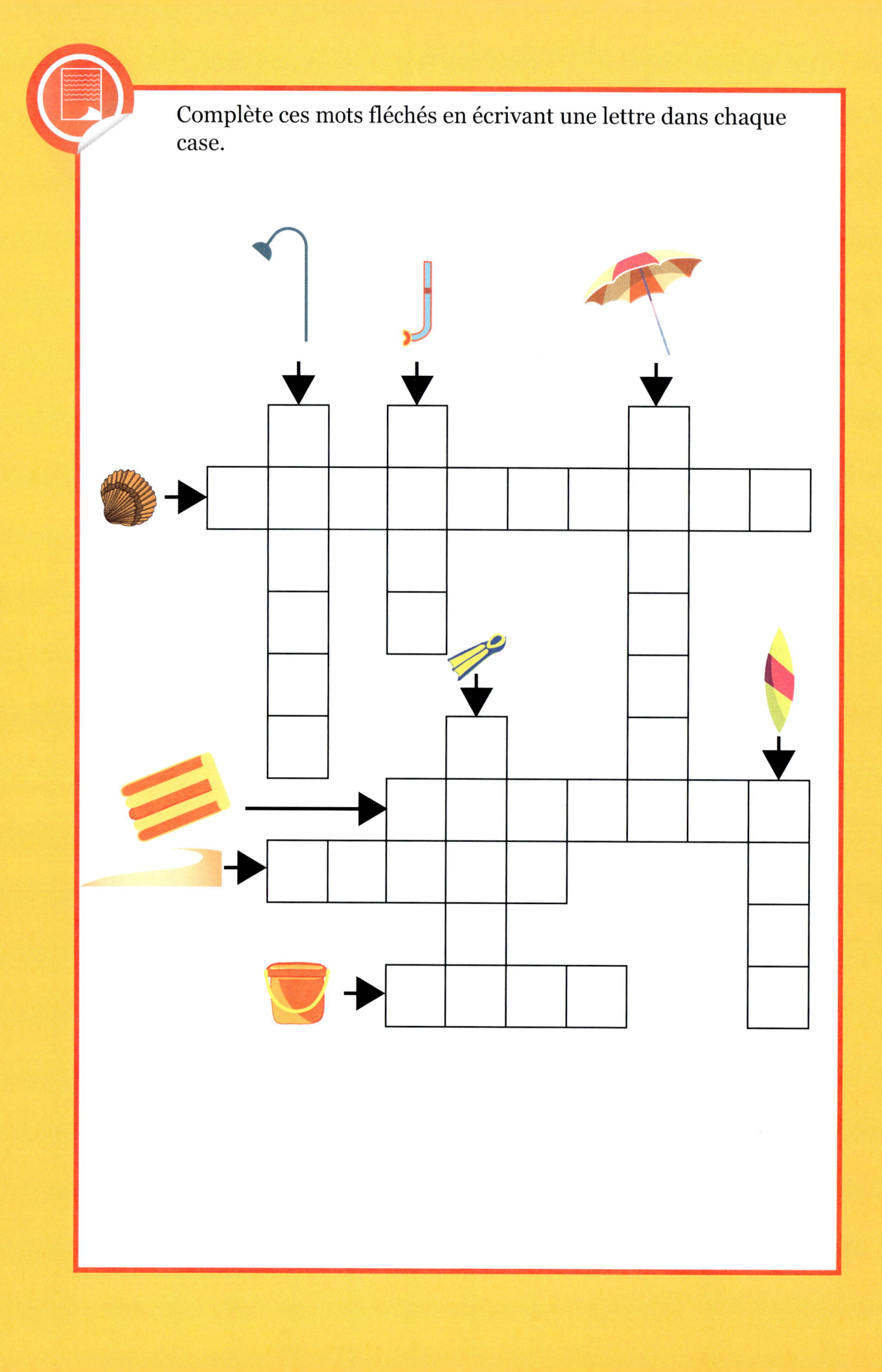

Complète ces mots fléchés en écrivant une lettre dans chaque case.

Mets les nombres dans l'ordre du plus petit au plus grand.

24   44   6   68   41   13   14   18   37

☐ ☐ ☐ ☐ ☐ ☐ ☐ ☐ ☐

Dessine les parties manquantes et colorie.

Écris ton menu préféré.

Menu

Écris un menu équilibré, bon pour la santé.

Menu

Décris ce qui arrive à Robert dans chaque image.

Dans chaque phrase, entoure le verbe.

Aujourd'hui, les enfants nagent au milieu des vagues.

Des mouettes volent dans le ciel.

Le soleil brille de mille feux.

Nous restons sous notre parasol.

Bientôt, je retournerai à l'école.

Les plongeurs admiraient les poissons colorés.

Trouve des mots de la même famille.

GLACE - GLACIÈRE -

POISSON -

AMI -

NAGER -

JOUR -

Classe les mots dans la bonne colonne.

valise - pieuvre - rocher - marée - flot - île - pirate - terre - plancton - banquise - hareng - baie - archipel - saumon - cap - matelot - horizon - brise - naufrage - phoque - jetée - fond - barque - vaisseau - bassin

Féminin Une ...	Masculin Un ...

Continue de raconter l'histoire.

Dans une maison abandonnée, j'ai trouvé un coffre. J'avais vraiment peur de l'ouvrir.

Apprends à dessiner un poisson rouge.

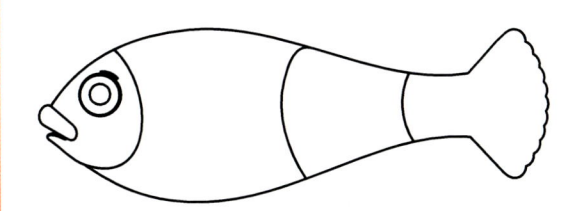

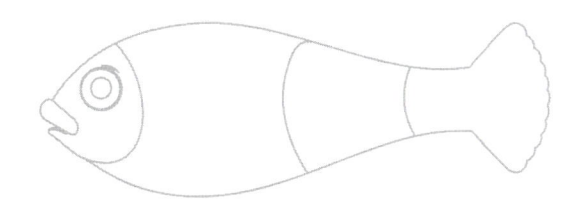

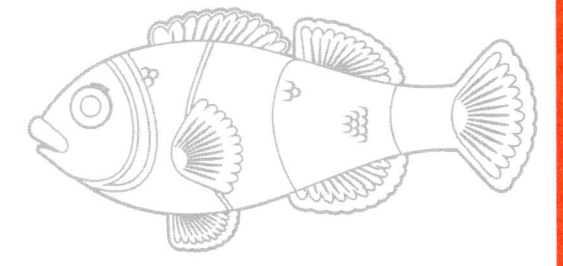

Écris une carte postale.

Classe les mots dans l'ordre alphabétique.

parasol   palmier   serviette

soleil   dauphin   requin

corail   vague   surfeur

Retrouve sur l'image ce qui a été photographié.

Dessine chaque étape et termine l'histoire.

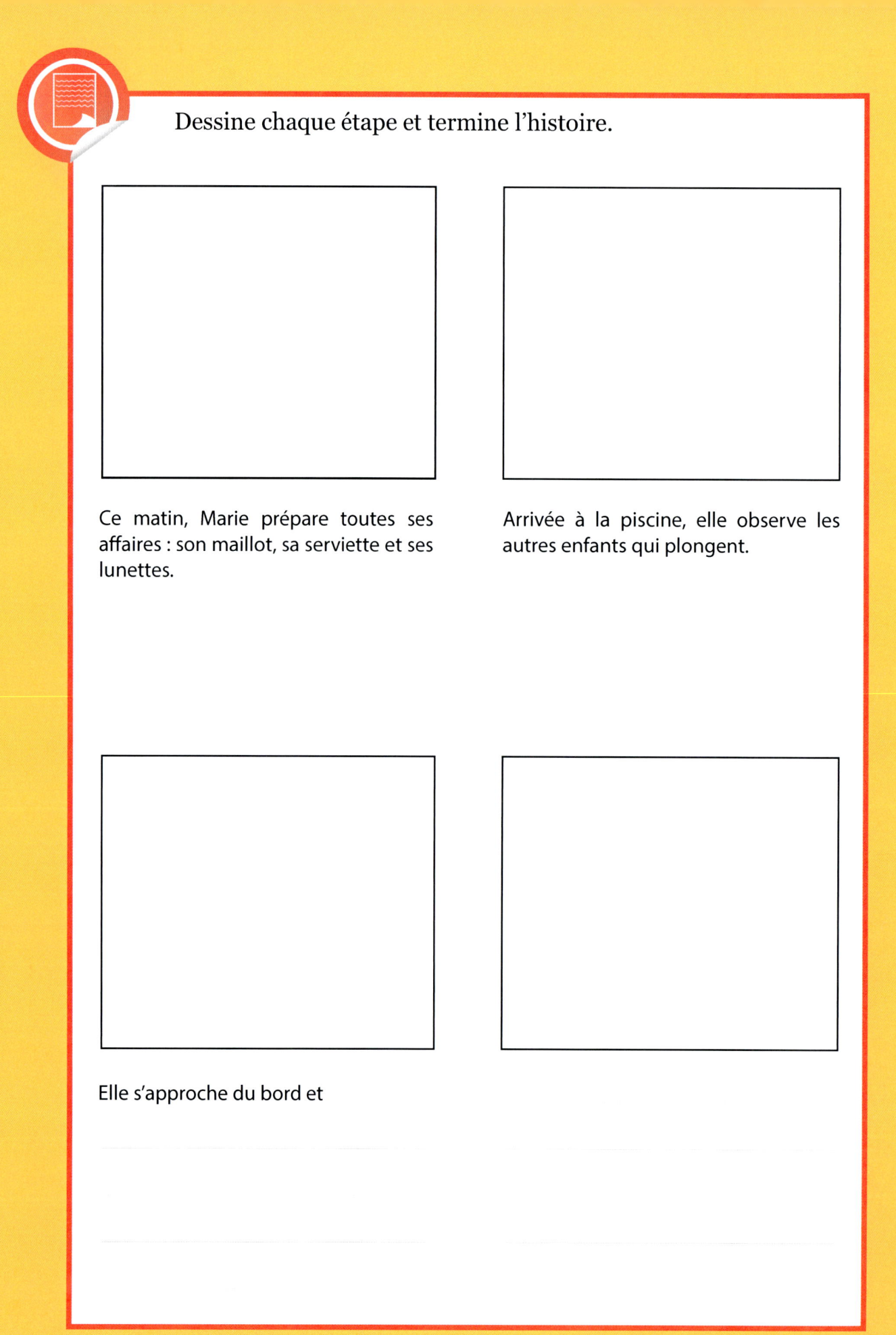

Ce matin, Marie prépare toutes ses affaires : son maillot, sa serviette et ses lunettes.

Arrivée à la piscine, elle observe les autres enfants qui plongent.

Elle s'approche du bord et

Grâce à cette vignette, représente ta journée.

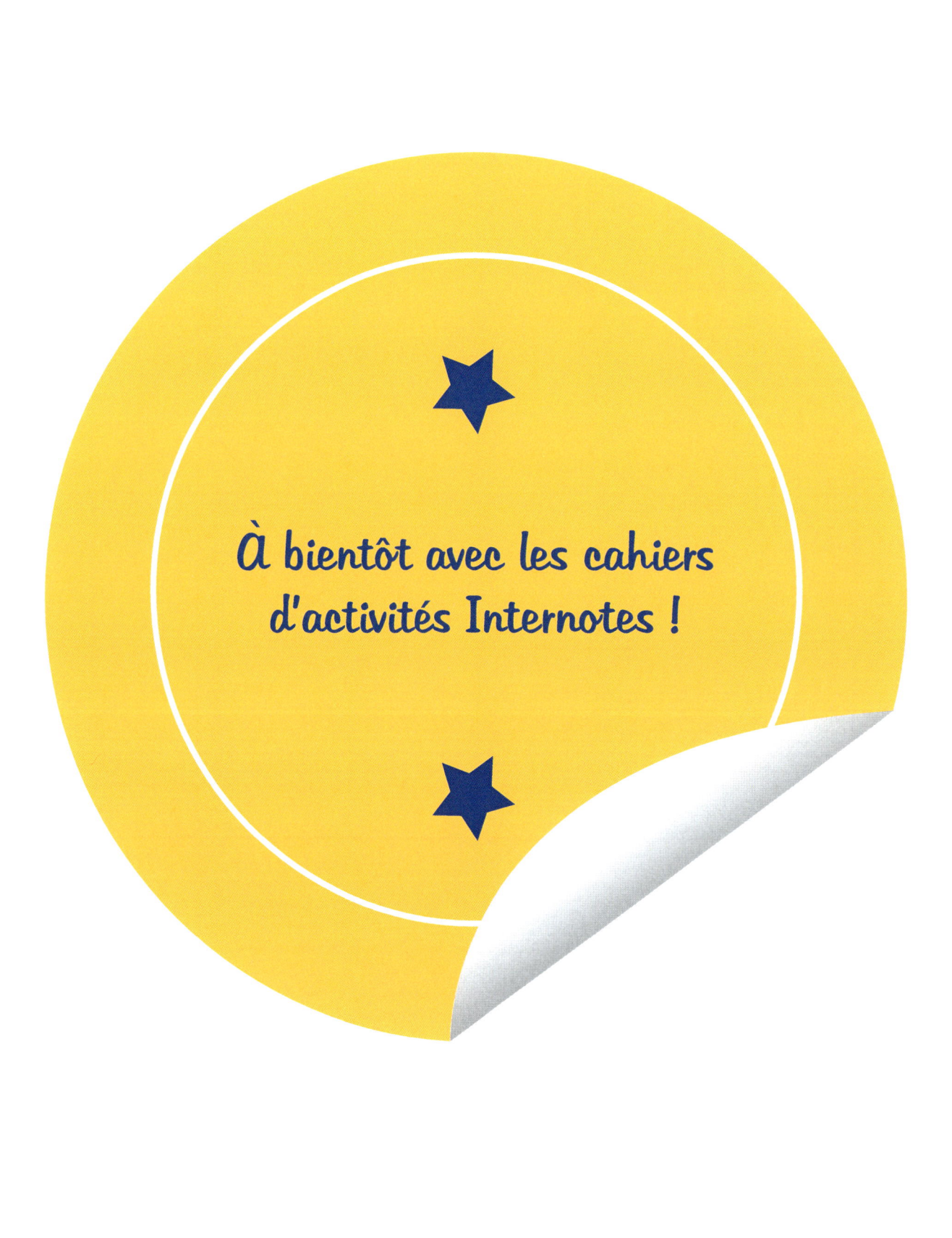

À bientôt avec les cahiers d'activités Internotes !

Manufactured by Amazon.ca
Bolton, ON